Belongs to:

Welcome

to How To Draw world

waterwoods

School

Waterwoods Media is a brand name of Scroppkr LLC, represents multiple series of creative coloring books.

For requirements to apply for permission to reuse the copyright material in this publication please send an email to scroppkr@gmail.com.

Macaw

Hippopotamus

Rooster

Frog

Lion

Pig

Jellyfish

Seagull

Crab

Goose

Skunk

Penguin

Owl

Mouse

Polar bear

Cobra

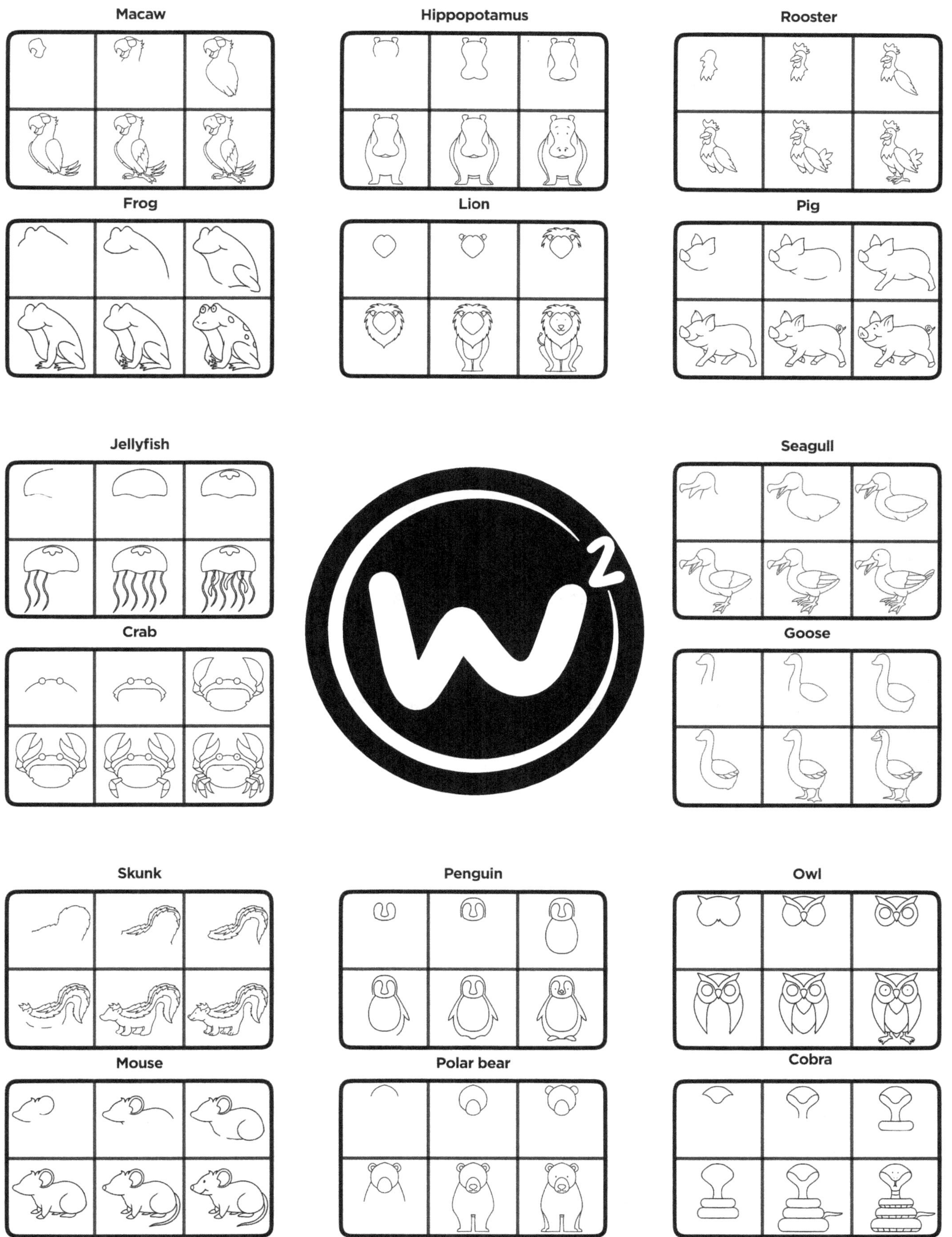

Rooster

Pig

It's Your Turn

Cat

Deer

It's Your Turn 

It's Your Turn

Crow

Sheep

It's Your Turn 

It's Your Turn

Crow

Sheep

It's Your Turn

It's Your Turn

Dog

Bear

It's Your Turn 

It's Your Turn

Fox

Racon

It's Your Turn 

Duck

Snail

It's Your Turn 

It's Your Turn

Starfish

Lobster

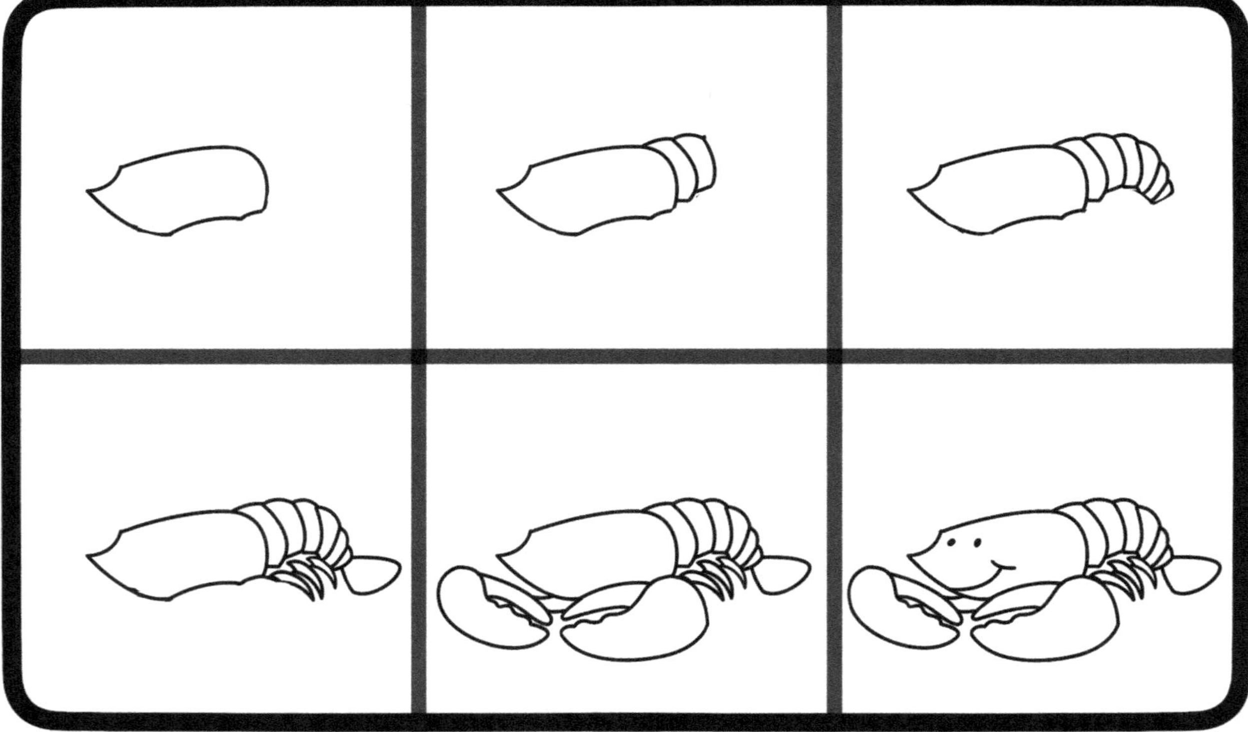

It's Your Turn 

Turtle

Shrimp

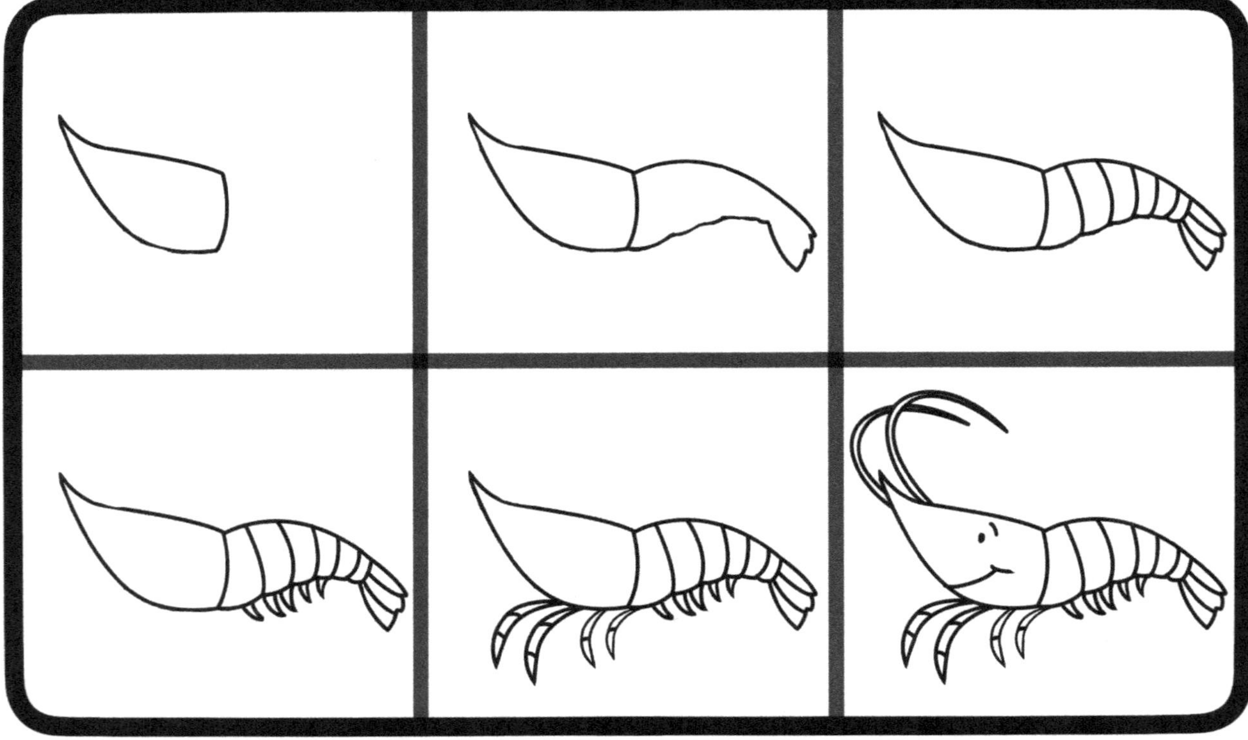

It's Your Turn 

Macaw

Frog

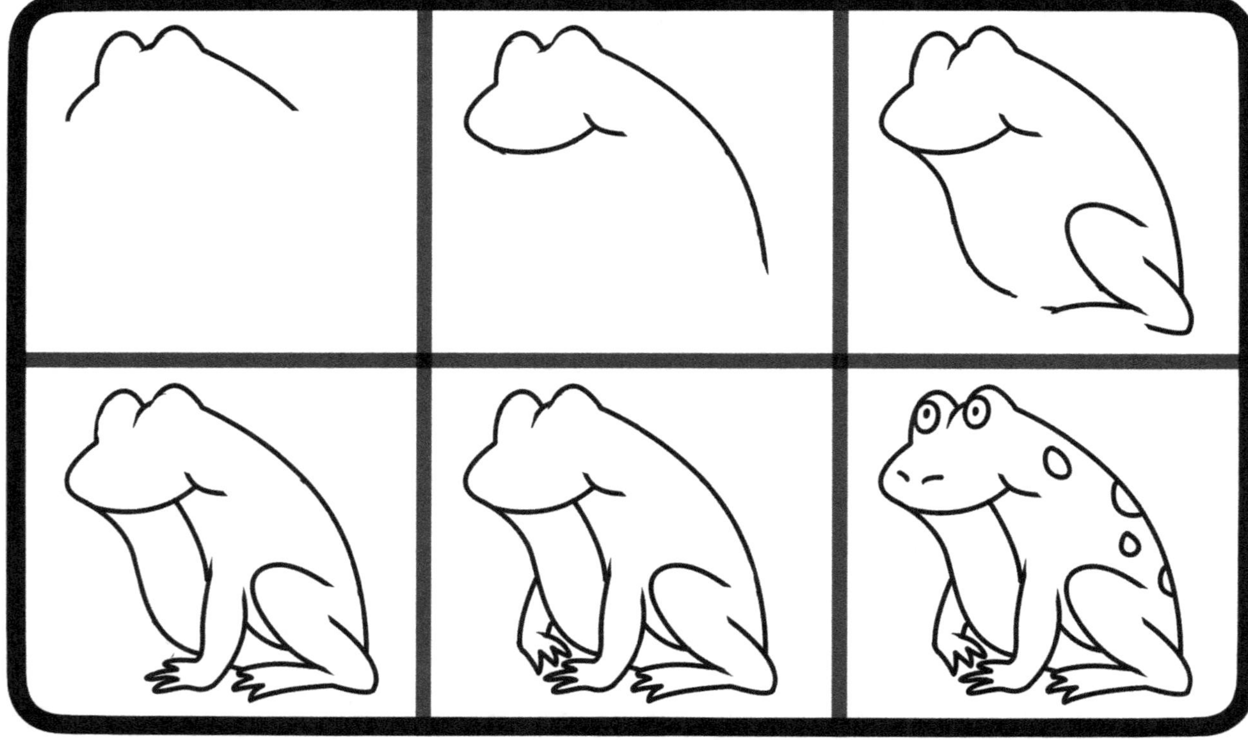

It's Your Turn 

Ostrich

Tortoise

It's Your Turn

Seagull

Goose

It's Your Turn 

Salamander

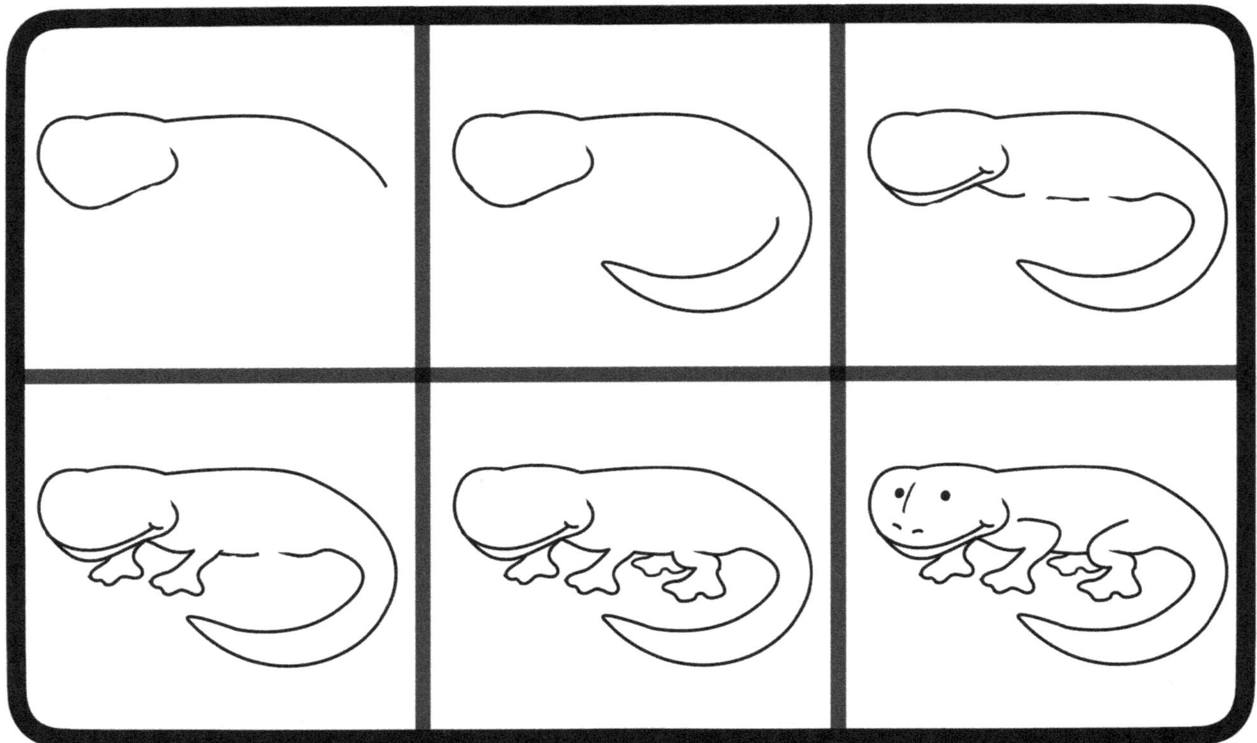

Wolf

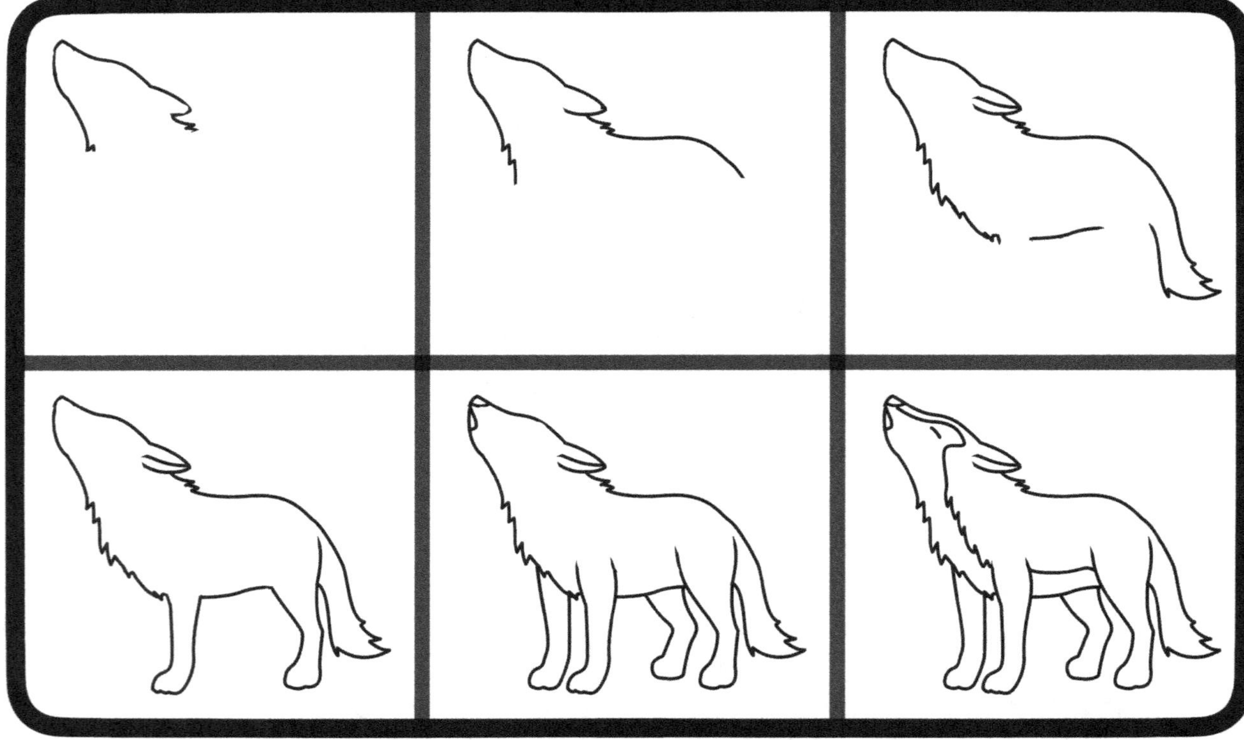

It's Your Turn 

Snake

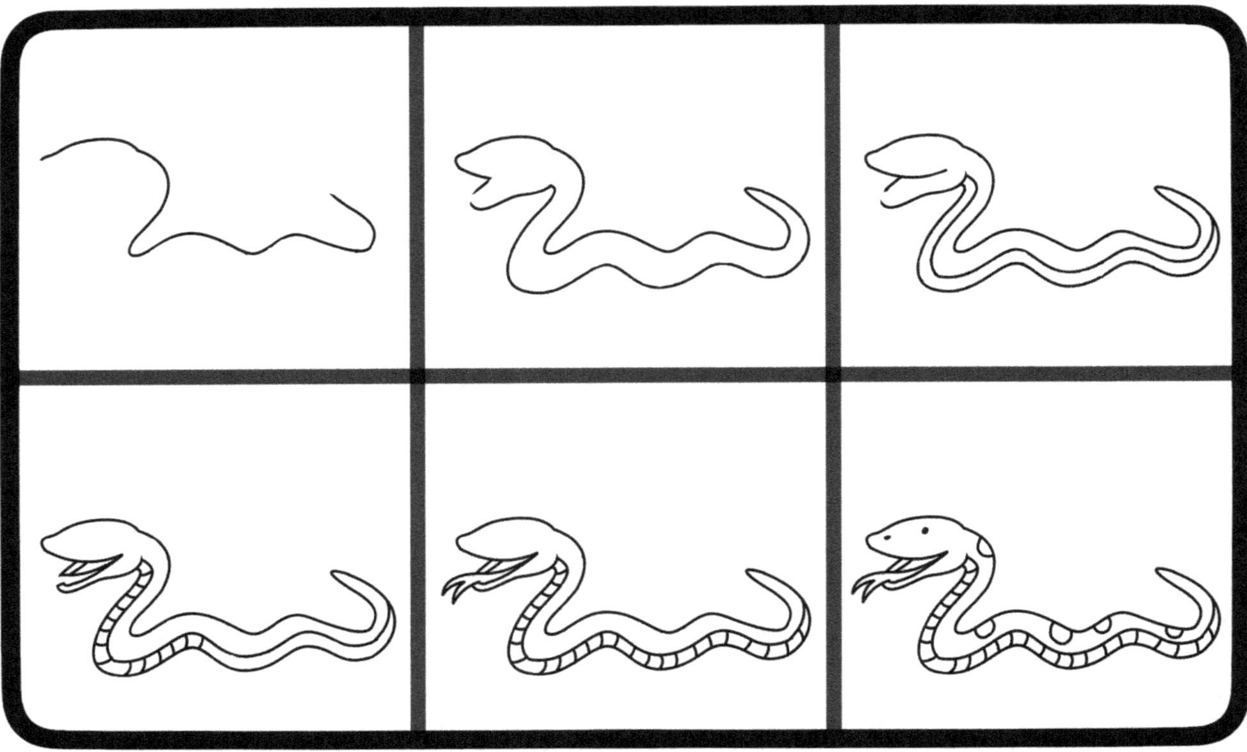

Horse

It's Your Turn

It's Your Turn

Skunk

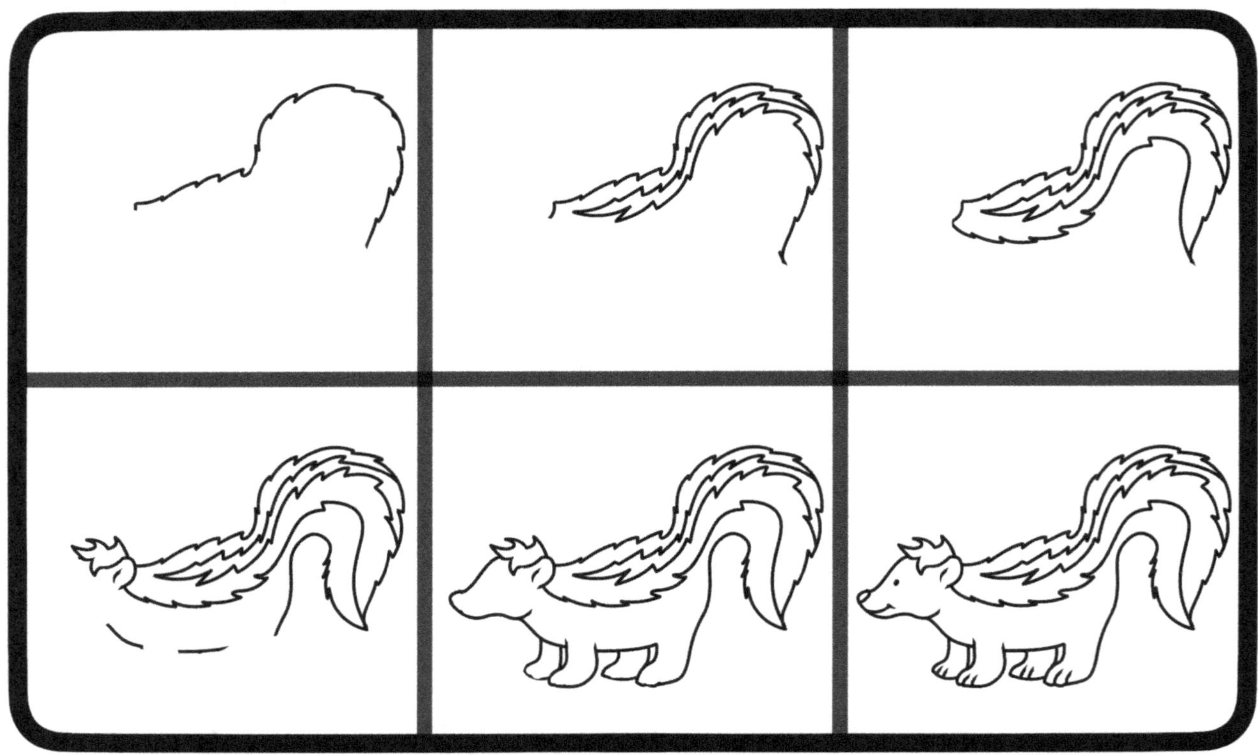

Mouse

It's Your Turn

It's Your Turn

Hippopotamus

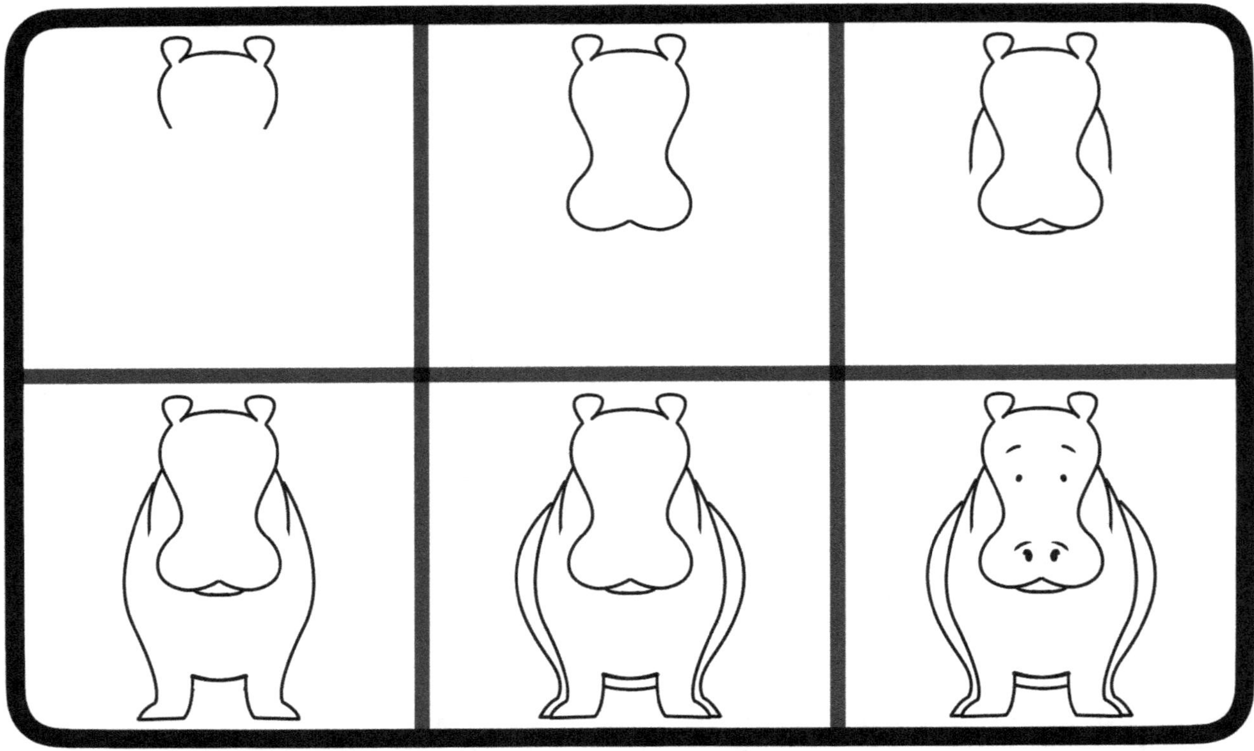

Lion

It's Your Turn 

It's Your Turn

Penguin

Polar bear

It's Your Turn 

Squid

Clam

It's Your Turn 

Jellyfish

Crab

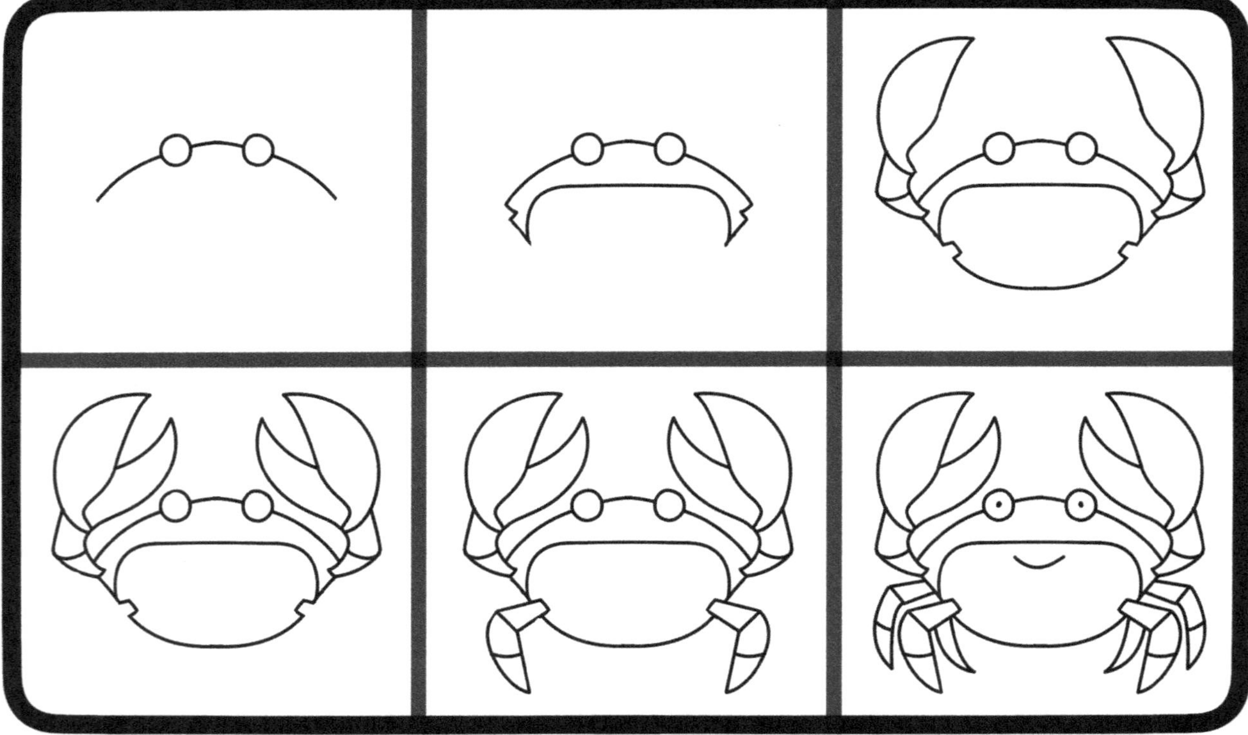

It's Your Turn 

It's Your Turn

Giraffe

Monkey

It's Your Turn

Pigeon

Beaver

It's Your Turn

Caterpillar

Panda

It's Your Turn

It's Your Turn

Weasel

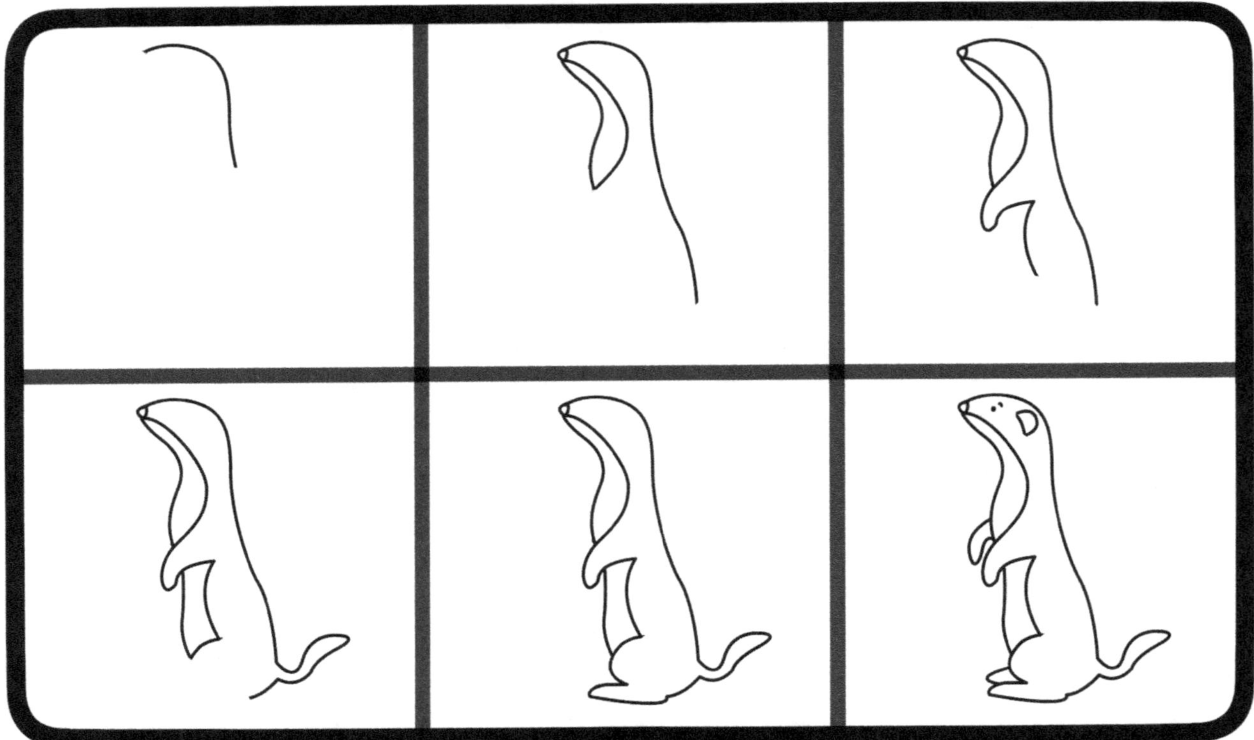

Koala

It's Your Turn 

It's Your Turn

Owl

Cobra

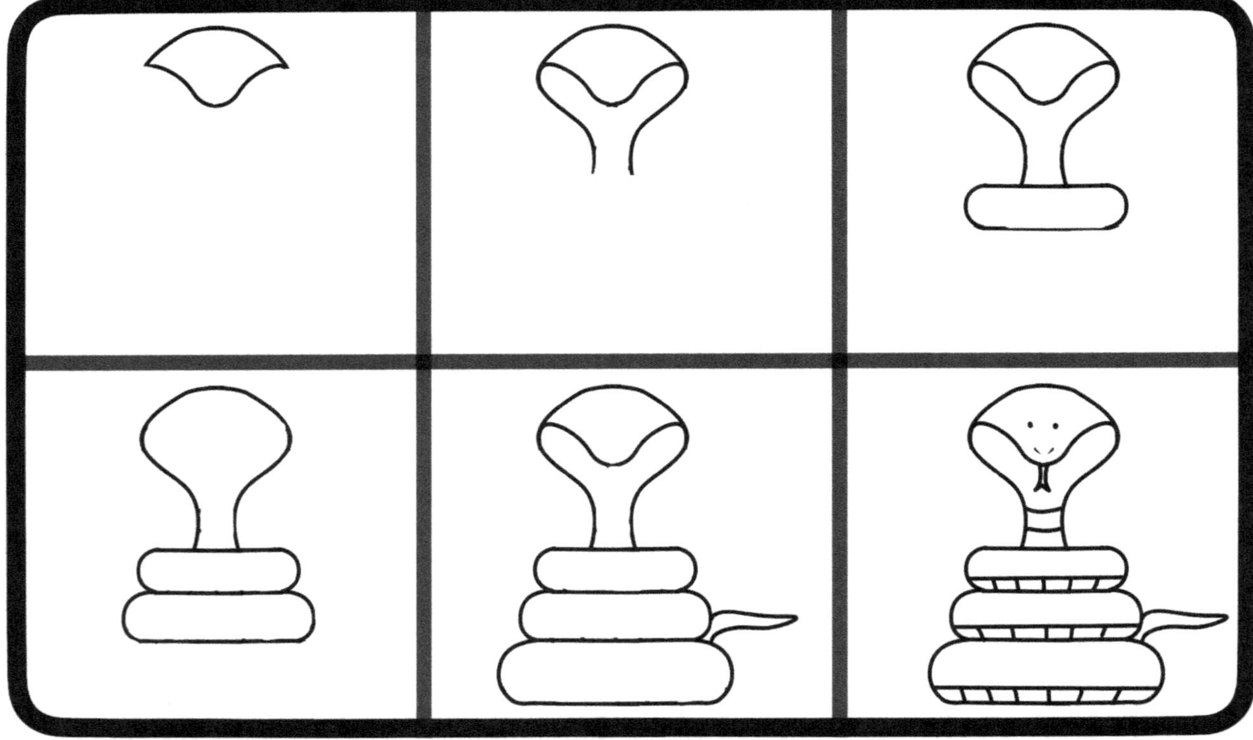

It's Your Turn 

It's Your Turn

Turkey

Hedgehog

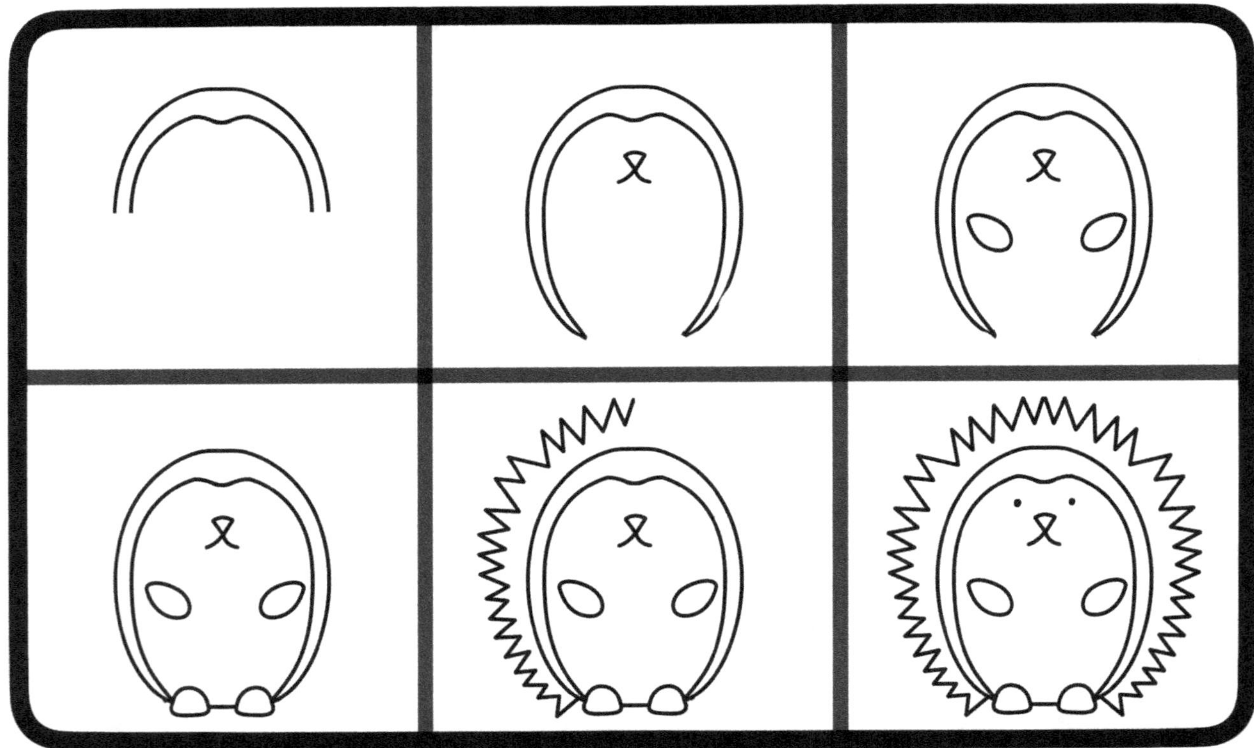

It's Your Turn 

It's Your Turn

How To Draw Book For Kids

Go get one and give it a try!